주니어 학습자

모든 약

개

샬롯 손

모든 약

개

샬롯 손

개는 종종 인간의 가장 친한 친구라고 불립니다. 그들은 아주 오랫동안 사람들과 함께 살아온 놀라운 동물입니다.

개의 가축화는 회색늑대까지 거슬러 올라갑
니다. 가축화란 인간이 동물을 길들여 우리
와 함께 사는 것을 의미합니다.

선택적 번식으로 인해 인간은 개들을 위해 온갖 종류의 직업을 만들어냈습니다!

고대 이집트의 아누비스(Anubis) 신은
개와 관련된 동물인 자칼의 머리를 가지
고 있었습니다.

유럽의 유명한 동굴 벽화는 고대 인간
이 고대 개와 함께 사냥하는 모습을
묘사하고 있습니다.

전쟁 중에 개는 전쟁 동물로 봉사했으며
위험한 직업에서 군인을 도왔습니다.

개는 Canidae 가족에 속합니다.
개과에는 늑대, 여우 및 기타 야생
개도 포함됩니다.

개는 3억 개의 수용체를 가지고 있기 때문에 많은 냄새를 맡을 수 있습니다.

그들의 청력은 놀랍습니다. 그들은 우리가 들을 수 없는 고주파 소리를 들을 수 있습니다.

전 세계적으로 유명한 개들이 많이 있습
니다.

러프 콜리 래시(Lassie the Rough Collie)
는 책, 영화, TV의 아이콘입니다. 그녀는 구
조 임무로 유명합니다.

허스키 발토(Balto)는 1925년에 썰매개 팀을 이끌고 알래스카를 횡단했습니다. 그들은 아픈 인간에게 중요한 약을 전달했습니다.

독일 셰퍼드 린 틴틴(Rin Tin Tin)은 가
장 유명한 개 배우 중 한 명이며, 세계 최
초의 개 영화 배우로 여겨집니다.

다양한 종류의 개들을 살펴보겠습니다.

래브라도 리트리버는 친근한 개입니다. 그들은 물을 좋아합니다.

독일 셰퍼드는 똑똑하고 강합니다. 그들은 일하는 개이며 보호 특성을 가지고 있습니다.

골든 리트리버는 장난스럽고 인기 있는 품종입니다. 그들은 아름답고 개성이 넘칩니다.

불독은 주름이 많고 몸이 땅딸막합니다. 그들은 애정 어린 강아지입니다.

비글은 호기심이 많은 개이며 사냥에 사용됩니다. 그들은 늘어진 귀를 가지고 있습니다.

푸들은 가장 영리한 개 품종 중 하나이며 멋진 개로 알려져 있습니다.

로트와일러는 강력한 개입니다. 사랑스러운 아기들이에요.

요크셔 테리어는 작은 에너지 덩어리입니다. 그들은 긴 코트를 입고 있으며 핸드백을 들고 여행하는 것을 좋아합니다.

권투 선수는 장난기 많은 강아지입니다. 그들은 정사각형 머리를 가지고 있으며 활동적인 것을 좋아합니다.

닥스훈트는 긴 "핫도그" 개로 독특합니다. 그들은 작은 몸에 큰 정신을 가지고 있습니다!

시베리안 허스키는 썰매를 끌며 매우 목소리가 좋고 친근한 개입니다. 그들은 또한 밝은 파란 눈을 가지고 있습니다.

도베르만 핀셔는 날렵하고 강한 개입니다. 그들은 보호 수호자입니다.

Shih Tzus는 작은
무릎 개입니다. 그
들은 매우 친근한
애완동물입니다.

그레이트 데인은 키
가 매우 큰 개입니
다. 그들은 매우 달
콤할 수 있습니다.

보더 콜리는 민첩하고 똑똑합니다. 그들은 많은 에너지를 가지고 있습니다.

셰틀랜드 쉽독 (Shetland Sheepdog)은 청각견입니다. 그들은 두꺼운 갈기 털로 유명합니다.

치와와는 작지만 마음이 큽니다. 존경받을 때 그들은 달콤합니다.

Pembroke Welsh Corgis는 작지만 귀가 큽니다. 놀랍게도 그들은 청각견입니다.

세인트 버나드는 구조 활동으로 유명합니다. 그들은 온화한 거인입니다.

오스트레일리안 셰퍼드는 영리하고 민첩한 애완동물입니다. 그들은 목양견으로 일합니다.

퍼그는 작고 주름진 귀여운 동물입니다. 그들은 매우 장난스러우면서도 완고한 성격을 가지고 있습니다.

알래스칸 말라뮤트는 썰매견이며 추운 기후에서도 생존할 수 있습니다.

오스트레일리안 테리어는 작고 거친 털을 갖고 있습니다. 그들은 훌륭한 애완동물이 됩니다.

Basenjis는 요들과 같은 울음소리를 가지고 있습니다. 그들은 매우 똑똑하고 독립적인 개입니다.

비숑 프리제
(Bichon Frisé)는
구름처럼 보입니다.
그들은 쾌활한 성격
을 가지고 있습니
다.

블러드하운드는 처
진 귀와 훌륭한 후
각을 가지고 있습니
다. 구조에도 사용
됩니다.

보스턴 테리어에는 턱시도 코트가 있습니다. 그들은 친절한 강아지입니다.

카발리에 킹 찰스 스패니얼은 최고의 성격과 아름다운 털을 가지고 있습니다.

코커 스패니얼은 길
고 부드러운 귀를
가지고 있으며 품위
있는 분위기를 풍깁
니다.

잉글리시 마스티프
는 거대한 개입니
다! 그들은 조용하
고 귀엽습니다.

아키타는 고귀한 애완동물입니다. 그들은 두꺼운 모피 코트로 유명합니다.

말티즈는 작고 귀여운 흰색 개이며, 관심을 받는 것을 좋아합니다.

버미즈 마운틴 독은
매우 크지만 매우
온순합니다.

포메라니안은 털이
작은 개입니다. 그
들은 대담한 성격을
가지고 있습니다.

로디지안 리지백은 등에 "능선"의 털이 있습니다. 그들은 사냥에 사용됩니다.

아이리시 세터는 우아하고 활기 넘치는 개입니다. 그들은 외향적인 아름다움입니다.

빠삐용의 귀는 나비
처럼 보입니다. 그들
은 친절한 귀염둥이
입니다.

휘펫은 매우 빠르고
매우 민첩하며 인간
에게 온화합니다.

샤페이는 매우 주름이 많습니다. 그들은 충성스럽고 보호하는 개입니다.

달마시안은 활력이 넘치는 개이며 소방서의 공식 상징입니다.

개는 매일 인간을 돕습니다.

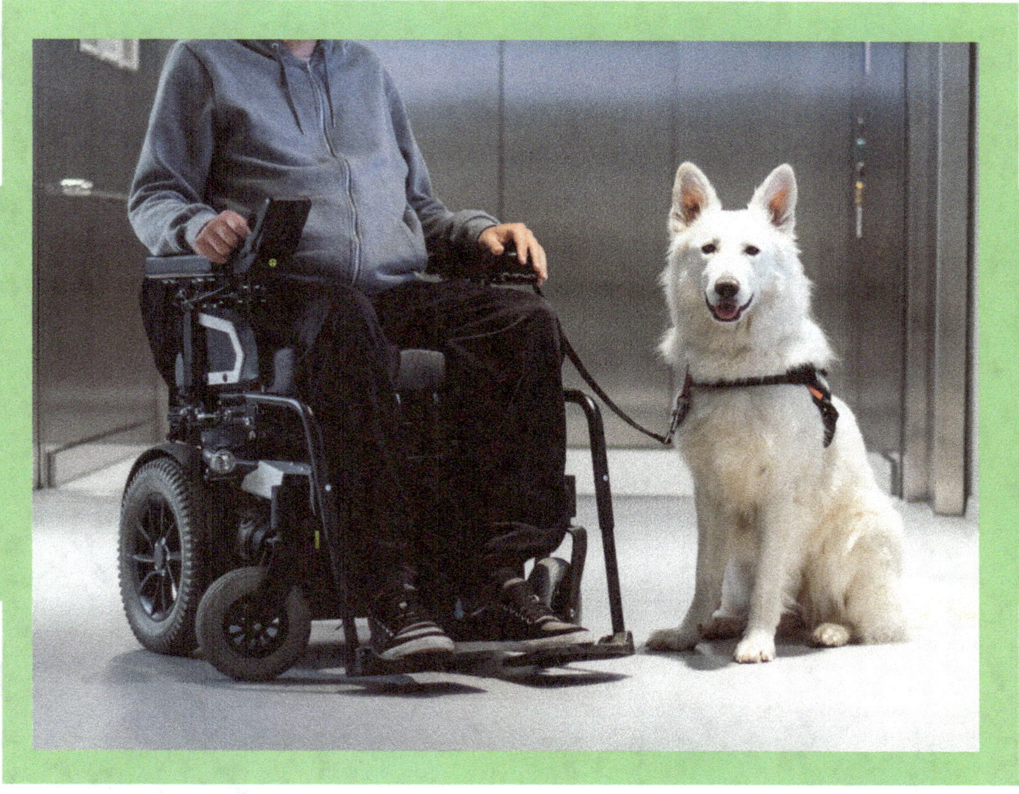

많은 개들이 장애인 보조 동물로 일하며 장
애인을 돕습니다.

수색구조견은 재난 발생 시 실종자를 찾는 일을 합니다.

개들은 경찰과 나란히 일합니다. 훈련을 통과 하지 못한 강아지들은 사랑하는 가족에게로 갑 니다.

치료견은 병원과 공공 안전에 있는 사람들
에게 정서적 지원을 제공합니다.

개는 우리 일상생활에서 중요한 부분을 차지합니다. 개를 돌보는 것이 중요합니다. 그들은 열심히 일하는 사람들일 뿐만 아니라 우리 가족의 중요한 구성원입니다!